EMPODERA MENTE

Presidente:
Mauricio Sita

Vice-presidente:
Alessandra Ksenhuck

Capa e diagramação:
Gabriel Uchima

Projeto gráfico:
Gabriel Uchima e Danni Nicolino Dias

Revisão:
Ivani Rezende e Rejane Martins Pires

Diretora de projetos:
Gleide Santos

Diretora executiva:
Julyana Rosa

Relacionamento com o cliente:
Claudia Pires

Impressão:
Impressul

Dados Internacionais de Catalogação na Publicação (CIP)
(eDOC BRASIL, Belo Horizonte/MG)

M298e	Marafon, Ricardo. Empoderamente / Ricardo Marafon. – São Paulo, SP: Literare Books International, 2021. 14 x 21 cm ISBN 978-65-5922-054-0 1. Autoconhecimento. 2. Autoterapia. 3. Comportamento. 4.Hipnose. 5. Oratória. 6. Técnicas de autoajuda. I. Título. CDD 158.1

Elaborado por Maurício Amormino Júnior – CRB6/2422

Literare Books International.
Rua Antônio Augusto Covello, 472 – Vila Mariana – São Paulo, SP.
CEP 01550-060
Fone: +55 (0**11) 2659-0968
site: www.literarebooks.com.br
e-mail: literare@literarebooks.com.br

INTRODUÇÃO

O livro *Empoderamente* vem com a proposta de resgatar da memória partes da história do leitor com o objetivo de fazê-lo lembrar de sua essência que, devido à rotina da vida, acabou se esquecendo.

Para conseguir um bom resultado no resgate, utilizei ferramentas e técnicas de:

MEMORIZAÇÃO, EMPATIA, RESILIÊNCIA, GRATIDÃO, CONSTELAÇÃO, LIDERANÇA, PROSPERIDADE, RODA DA VIDA, PIRÂMIDE DE MASLOW, HIPNOSE, PNL (PROGRAMAÇÃO NEUROLINGUÍSTICA) E COACHING.

E algumas estratégias e metodologias minhas, as quais, em décadas, pude testar na prática e fazer ajustes que, comprovadamente, dão ótimo resultado a curto, médio e longo prazos.

A ideia é que você utilize este livro como um guia de:

AUTOCONHECIMENTO, AUTOAJUDA, AUTOESTIMA e AUTOTERAPIA.

Nos momentos em que você pensa ser uma pessoa pequena e fraca, ou se sente vazio e sem propósito, vou mostrar-lhe que, pelo contrário, é alguém grande e forte. Que sua história é repleta de vitórias e que é também importante e com um propósito na vida. Só talvez tenha se esquecido disso.

OBJETIVO E PÚBLICO

Meu objetivo principal é que este livro seja um presente de você para si mesmo.

Ou também um presente para alguém que esteja passando por um momento delicado na vida, enfrentando alguma situação como:

ANGÚSTIA	**TIMIDEZ OU INSEGURANÇA**
ESTRESSE	**DOENÇAS NEUROLÓGICAS**
DEPRESSÃO	**PENSAMENTO SUICIDA**
ANSIEDADE	**FALTA DE MOTIVAÇÃO**
MEDO DE FALAR EM PÚBLICO (OU OUTROS MEDOS)	**FALTA DE ÂNIMO COM A VIDA PROFISSIONAL OU PESSOAL**
PROCRASTINAÇÃO	**PREOCUPAÇÕES**

Durante a minha carreira, já ministrei aula para milhares de alunos nas centenas de turmas que tive e percebi algo muito interessante sobre o ser humano.

MESMO COM A IDADE E A EXPERIÊNCIA ADQUIRIDA, NOS TORNAMOS AUTODEPRECIATIVOS E COM UM FORTE COMPLEXO DE INFERIORIDADE.

Meu objetivo é dar uma ajuda, resgatando valores e conquistas já vivenciadas e que possam estar esquecidas na vastidão de sua mente.

Somos muito parecidos com o tronco de uma árvore.

Você já deve ter visto um tronco de madeira por aí, ele possui círculos que vão da casca para o centro. São anéis de crescimento que correspondem às várias fases de existência da árvore.

Assim como a árvore, também somos nós. Porém a árvore torna-se cada vez mais forte com o tempo. Nós, nem sempre. Por vezes, nos esquecemos de nossas conquistas e de tantas coisas boas que vivenciamos.

Ressignificar isso, mudar o *mindset* (mentalidade), trará contentamento e sentido à nossa existência.

O livro é também um ótimo jeito de desconectar um pouco das tecnologias e vivenciar uma nova experiência.

Um dos benefícios diretos será também destrancar algumas portas que o inviabilizavam desfrutar de uma boa vida pessoal ou profissional. Isso lhe trará ânimo real e duradouro, e você poderá parar de procrastinar e ir em direção àquilo que merece.

COMO O LIVRO FUNCIONA?

São perguntas de 1 a 100, relacionadas à sua vida e suas memórias.

Claro que você pode ler o livro da forma tradicional, folha por folha. Talvez assim você encontre mais rapidamente o que procura. Mas a ideia inicial é que pense em um número de 1 a 100, dê liberdade ao acaso e abra o livro à mercê da sorte.

Caso aconteça de ler a pergunta e não se lembrar, ou não saber o que responder, não desanime, nem passe para a página seguinte com tanta pressa. Isso é comum acontecer, até que você entenda melhor o método do livro.

Em um primeiro momento, quando a resposta não vier à sua mente, talvez devido ao cansaço, estresse, algum nível de depressão ou até mesmo um desgaste emocional (preocupações rotineiras que insistem em ficar na mente, mesmo depois do horário de trabalho), mantenha o foco, permaneça concentrado na pergunta escolhida e siga as orientações a seguir:

DICA 1

- SENTE-SE CONFORTAVELMENTE...

- RELAXE SEUS MÚSCULOS COMPLETAMENTE...

- DEIXE SEU CORPO RESPIRAR TRANQUILAMENTE...

Nunca se falou tanto e deu tanto valor ao *mindfulness* (consciência plena). Essa prática é uma forma de meditação que pode ser utilizada no dia a dia com objetivo de:

RELAXAMENTO   MELHORAR O FOCO   MELHORAR A CONCENTRAÇÃO

Essa prática simples de meditação que o livro traz irá ajudar você a se conectar consigo e, a partir disso, o levará a estágios mais elevados e profundos de suas memórias. Liberando o neurotransmissor Gaba, conhecido como calmante natural do cérebro.

DICA 2

 **INSPIRE PELO NARIZ, EXPIRE PELA BOCA.**

Sinta o ar entrando e saindo do seu corpo. Na meditação, essa experiência é chamada de respiração guiada. Isso faz você se sentir cada vez mais no controle de si mesmo.

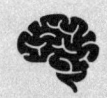 **CONTROLE SEU CORPO, SEUS PENSAMENTOS E EMOÇÕES.**

À medida que for praticando, também irá perceber que poderá entrar em um estado de relaxamento cada vez mais fácil e rápido, se sentindo muito bem.

O relaxamento lhe trará equilíbrio hormonal, diminuindo o cortisol, hormônio que provoca o estresse, e aumentando os níveis de dopamina e serotonina, hormônios do bem-estar.

Com isso, sua memória e criatividade terão mais liberdade para trabalhar, lhe entregando informações valiosíssimas, gravadas em sua mente.

POR QUE UM LIVRO FEITO DE PERGUNTAS?

Há mais de três décadas, tenho o hábito de, sempre que posso, dar uma passadinha por bibliotecas e livrarias em busca de livros novos e usados. Às vezes, me deparo com um livro cheio de marcações, anotações e até desenhos feitos por algum leitor ávido. Notei que as pessoas adoram fazer isso, por isso resolvi colocar ELEMENTOS DE INTERAÇÃO em cada página, para que você também possa fazer suas anotações, desenhos, pinturas, colagens e o que mais sua imaginação quiser.

ESTE É UM LIVRO FEITO PARA INTERAGIR COM VOCÊ!

Escolhi este estilo baseado na minha simpatia por Sócrates, que foi, e talvez seja até hoje, o maior mestre em perguntas que já existiu.

Apesar de algumas perguntas parecerem retóricas (em que a pergunta já é a resposta), é, sim, para você interagir e descrever suas experiências vividas.

Para algumas pessoas, as perguntas podem parecer simples, talvez até desnecessárias, mas não são. Para outras, elas poderão estar repletas de sentido e significado, como se fossem feitas exatamente para serem lidas naquele momento.

As perguntas irão mexer com seus sentidos e ajudarão a resgatar coisas no fundo da sua mente, das quais você pensou ter se esquecido.

DICA 3

- ✓ LEIA A PERGUNTA ATENTAMENTE PARA ENTENDÊ-LA;
- ✓ DÊ UM TEMPO PARA SUA MENTE BUSCAR EM SUA MEMÓRIA ALGO QUE TENHA RELAÇÃO COM A PERGUNTA;
- ✓ PROCURE SE LEMBRAR DOS SENTIMENTOS E EMOÇÕES VIVIDOS NAQUELE MOMENTO.

DICA 4

As perguntas possuem três níveis de dificuldade e de profundidade mental e você poderá identificá-los por meio do medidor abaixo.

Baixo   Médio   Profundo

DICA 5

Utilize para TODAS as perguntas as dicas descritas abaixo:

> COMO FOI ?   COM QUEM FOI?   QUANDO FOI ?   ONDE FOI?
> QUAL LIÇÃO TIROU DESSA EXPERIÊNCIA?

Imagine que eu esteja junto com você fazendo essas perguntas. Elas irão funcionar como um *coach*, ou um terapeuta particular, 24 horas à sua disposição para ajudar a organizar suas ideias e seus roteiros.

Sobretudo, divirta-se, permita-se descobrir coisas maravilhosas sobre si mesmo. Busque interagir com seu EU interior. Talvez você nem sabia que tinha um, ou pelo menos, não se lembrava mais dele. Talvez você só queria amadurecer e deixar o passado para trás, pensando inconscientemente que essas informações, essas memórias, já não eram mais importantes, que pelo fato de ter se tornado adulto já não precisaria mais delas.

Quando acabar de ler este livro, vai perceber que as informações contidas em sua memória foram fundamentais para a sua evolução enquanto indivíduo.

AGRADECIMENTOS

Sou muito grato a você por ter comprado este livro.

Caso tenha ganhado a obra, muito obrigado da mesma forma, e parabéns por ter essa pessoa em sua vida. Com certeza, você é muito especial para ela.

ESTE É UM LIVRO PARA SER COMPARTILHADO COM QUEM SE AMA, POIS É FEITO DE SENSAÇÕES, EMOÇÕES E AMOR.

Agradeço também à minha querida esposa Fany e às minhas adoráveis filhas Carolina e Camila, que sempre me dão suporte e ajudam a me manter concentrado em minhas aspirações.

Um agradecimento especial a Deus, pela luz que me guia por meio das palavras.

Agradeço também aos parceiros envolvidos no projeto, todos foram muito importantes para que este método saísse do mundo da imaginação para se tornar uma bela e grata realidade. O meu sucesso e o sucesso dos leitores são graças também ao envolvimento de vocês.

Muito obrigado!

SUMÁRIO

1 COMO FOI O MOMENTO DO SEU NASCIMENTO?

Escreva aqui sobre o seu nascimento. Curiosidades sobre sua gestação e sua chegada ao mundo, que ouviu falar por meio dos seus familiares.

Descreva com o máximo de detalhes que puder sobre a hora, o local, a data, o clima etc. Conte sobre a reação de seus pais, dos demais familiares e dos amigos da família, quando o(a) viram pela primeira vez.

Aumente sua pesquisa e pergunte a alguns membros de sua família. Certamente alguém saberá lhe contar muita coisa.

Caso você seja uma daquelas pessoas "rebeldes" e que não se dá bem com sua família, deixe um pouco essas crenças de lado e, nesse momento, transforme-se em um Sherlock Holmes. Ou seja, transforme-se em um detetive. Investigue, questione as pessoas. Se for preciso, invista tempo e recursos e volte à cidade em que nasceu. Vá em busca da energia que o(a) trouxe a este mundo.

Saber quem somos é o primeiro passo para alçarmos voos mais altos com coragem e segurança. Isso nos dá forças para enfrentarmos qualquer adversidade.

continua na próxima página >>>

>>> continue aqui

"Eu gosto do impossível porque lá a concorrência é menor."
Walter Elias Disney

1 2 3

2 FALE UM POUCO SOBRE SUA FAMÍLIA:

Qual a origem de sua família?

Qual o seu antepassado mais antigo, do qual você tem conhecimento?

Qual a história de seus familiares?

Quem são as pessoas que moram com você atualmente?

Como é o convívio, a comunicação e a relação com cada uma dessas pessoas?

Por mais que tenha pensado, nunca esteve sozinho! Se você permitir, irá conseguir ver, ouvir e até mesmo sentir uma força, uma energia, impulsionando, empurrando você para cima. São todos os seus antepassados torcendo pela sua prosperidade. Talvez alguns tenham decepcionado você e demonstrado o contrário. Mas, no fundo, a intenção era positiva, talvez eles só não conseguiram externar da forma que você esperava.

3 QUAL SEU CANTOR OU COMPOSITOR FAVORITO?

Se puder, pare um pouco o que está fazendo e vá ouvi-lo(a).

QUAL É A MÚSICA OU GÊNERO QUE MEXE COM SEUS SENTIMENTOS E EMOÇÕES?

Se puder, pare um pouco o que está fazendo e vá ouvi-lo(a).

QUAL O INSTRUMENTO MUSICAL QUE MEXE COM SEUS SENTIMENTOS E EMOÇÕES?

Se puder, pare um pouco o que está fazendo e vá ouvi-lo(a).

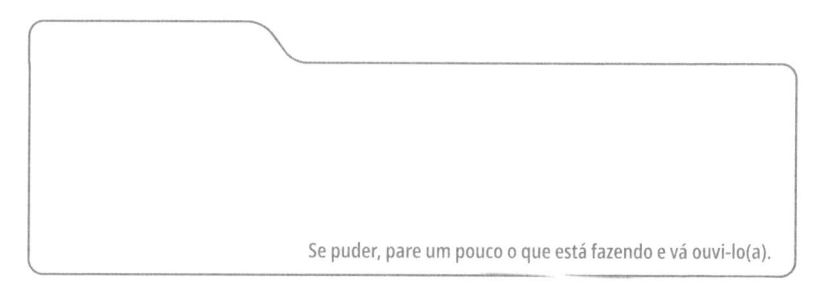

4 QUAL SEU *HOBBY* FAVORITO?

Que tipo de atividade você pratica para "passar o tempo" e que lhe traga relaxamento e prazer?

QUAL SEU ATLETA FAVORITO?

Por quê?

5 QUAL SEU BRINQUEDO FAVORITO? POR QUE ELE FOI OU É TÃO IMPORTANTE?

Todos nós tivemos algo na infância com o qual gostávamos de brincar. Nem sempre era exatamente um brinquedo. Podia ser até uma lata com barbante ou uma boneca improvisada, mas tínhamos isso como um brinquedo. Algumas pessoas, mesmo depois de adultas, ainda o guardam com carinho. Se não o tem mais, pelo menos, o preservam na memória.

Existe ainda quem não tenha superado um trauma por não ter tido um brinquedo que muito desejou, e isso o afeta até hoje.

Se for esse o seu caso, podemos ressignificar isso. Veja que a vida deu tantas coisas boas depois disso, que talvez isso não faça nenhuma falta agora.

Mas se ainda tenha, lá no fundo, um desejo de ter esse brinquedo, busque por aí em antiquários. Ou, ainda, a *Internet* é um ótimo lugar para encontrar coisas antigas. Talvez você encontre o tal brinquedo e possa comprá-lo.

Isso poderá suprir o sentimento de falta:

- ✓ **O desejo de ver o brinquedo de perto, a beleza, as cores, o brilho, os acessórios;**
- ✓ **Ouvir os sons peculiares que talvez ele produza, a complexidade de sua concepção;**
- ✓ **Ou ainda de tê-lo, senti-lo em sua mão, a textura, a proporção.**

Consegui-lo pode ser extremamente gratificante para você. Ou talvez você perceberá que realmente ele não fazia falta para preencher um vazio.

6 ESCREVA SOBRE ALGO INCRÍVEL QUE ESTEJA VIVENDO NO PRESENTE...

7 VOCÊ JÁ ESTEVE COM O CORAÇÃO DIVIDIDO?

Como foi? Com quem foi? Quando foi? Onde foi?
Qual lição tirou dessa experiência?

8 QUAL SUA PERSONALIDADE FAMOSA PREFERIDA?

Descreva aqui uma pessoa de fama mundial ou mesmo nacional que você admira. Escreva também por que você admira essa pessoa e quando foi o momento que ela impactou sua vida.

QUE PESSOA É UM GRANDE REFERENCIAL EM SUA VIDA?

Se for próxima, já disse isso para ela?

QUAL SEU APRESENTADOR DE TV FAVORITO?

Por quê?

9 ESCREVA SOBRE ALGO INCRÍVEL DO SEU PASSADO...

Por que isso marcou tanto a sua vida? E por que você deixou essas memórias de lado a ponto de quase perdê-las completamente?

Como foi? Com quem foi? Quando foi? Onde foi?
Qual lição tirou dessa experiência?

10 VAMOS FAZER UMA FOTO MENTAL...

Não precisa ser um mentalista experiente para fazer isso. Basta seguir as orientações adiante.

Aproveite o momento para meditar um pouco...

- SENTE-SE CONFORTAVELMENTE...
- RELAXE SEUS MÚSCULOS COMPLETAMENTE...
- DEIXE SEU CORPO RESPIRAR TRANQUILAMENTE...

Continue esse processo até estar completamente relaxado.

Agora, busque em sua mente um momento feliz de sua vida. Concentre-se e faça a imagem congelar como se você tirasse uma foto desse momento.

✓ Veja em sua mente cada detalhe do cenário, o colorido e o semblante das pessoas que compõem a cena. Você pode aumentar o tamanho da imagem, bem como seus detalhes e cores.

Depois de ter essa imagem bem nítida em sua mente, guarde-a como um arquivo recente em sua memória. Após ter feito isso, descreva a experiência no quadro a seguir.

Sempre que você precisar de uma luz, energia, calma, paz e tranquilidade, para resolver uma adversidade, uma situação, um conflito, uma desavença, um problema, que apareça voluntária ou involuntariamente no seu dia a dia, poderá acessar novamente essa imagem, essa "foto mental", e resgatar todo o bem-estar que ela proporciona a você.

"As palavras são vazias, a não ser que façam criar imagens em sua mente."
Virginia Satir

11 ROMEU E JULIETA...

Levando em consideração a frase de Honoré de Balzac, dita também pelo escritor e ator Miguel Falabella:

> **"AMAR SEM ESPERANÇA AINDA É MELHOR DO QUE NÃO AMAR NINGUÉM."**

Qual é ou foi o maior amor da sua vida?
Por quê?

Quem foi ou é? Quando o conheceu? Onde?
Qual lição tirou dessa experiência?

>>> continue aqui

1 2 3

12 QUAL FOI SUA VIAGEM FAVORITA?

Deixe sua mente livre, oriente a respiração e tente visualizar um filme, organizado pelos dias, depois pelas horas de tudo e o que você fez durante esses momentos.

E, sim, se você for como eu, pode continuar os relatos em outro caderno ou mesmo no computador. Coloque riqueza nos detalhes, como cores, clima, sensações, sons, curiosidades, belezas, sabores etc. Mesmo sem a intenção de fazer uma propaganda, relate de uma forma natural, mas que faça outra pessoa, que venha a ler seus relatos, despertar o desejo de também ir e conhecer aquele lugar.

Como foi? Com quem foi?
Quando foi? Onde foi?
Qual lição tirou dessa experiência?

>>> continue aqui

"O mar não é um obstáculo: é um caminho."
Amyr Klink

13 VOCÊ GOSTA DE COZINHAR? QUAL SUA ESPECIALIDADE?

Há algo que faça, que as pessoas atravessem a cidade só para jantar na sua casa, ou até mesmo viajarem com a expectativa de que você cozinhe aquele prato especial, que só você consegue fazer?

Cozinhar para alguém é um dos melhores gatilhos para estreitar relações e um dos que mais utilizo. Recomendo-o a você que é vendedor, empresário, negociador de qualquer setor, a dominar um ou mais pratos e convidar seus parceiros de negócios para confraternizarem. Essa experiência sensorial poderá ser inesquecível e render ótimos resultados.

Que prato você faz que poderia defini-lo
e ser sua marca registrada?
Escreva aqui sua receita:

>>> continue aqui

14 EM QUAL MOMENTO DE SUA VIDA ESTAVA COM TUDO GANHO, COM TODAS AS CARTAS NA MÃO E, MESMO ASSIM, PERDEU O JOGO?

"O QUE ACONTECE EM VEGAS, FICA EM VEGAS."

Certamente você já leu, ouviu ou até mesmo falou essa frase, que identifica a cidade do pecado. Sua origem foi em meados do ano 2000, quando a ex-primeira dama dos EUA Laura Bush se entregou aos prazeres das apostas madrugada adentro e, ao ser entrevistada, soltou essa frase que, em seguida, a R&R Publicidades adotou como *slogan* para atrair turistas. Agora, 20 anos depois, a frase poderá ser substituída por:

"O QUE ACONTECE AQUI, SÓ ACONTECE AQUI."

Essa é a proposta que quero deixar com meu livro, que ele seja seu confidente. Das coisas boas para serem rememoradas. E das coisas não tão boas para serem ressignificadas e transformadas em experiências positivas.

Como foi? Com quem foi? Quando foi? Onde foi? Qual lição tirou dessa experiência?

>>> continue aqui

15 FORMAÇÃO ACADÊMICA

Você fez realmente a faculdade que queria?

Sim [ ]   Não [ ]

Você está satisfeito com sua formação?

Sim [ ]   Não [ ]

Sua formação está alinhada com o seu propósito?

Sim [ ]   Não [ ]

Se você não está feliz com sua formação, por não ser o que esperava, vá adiante e continue estudando. Talvez possa fazer outro curso ou, pelo menos, uma especialização em alguma área que também seja de seu interesse.

Lembre-se:

DINHEIRO NÃO É "GARANTIA" DE FELICIDADE.

No máximo, ele pode proporcionar segurança, mas precisamos de muitas outras coisas para desfrutarmos de uma vida plena.

Felicidade é estar satisfeito com o que você possui. É poder dar um sorriso sincero, ter o carinho da família, abraçar os amigos e compartilhar boa música e uma comida saborosa. Isso tudo tem um valor imenso e um custo financeiro muito baixo. Normalmente é de graça!

Sempre podemos aprender coisas novas ao sentarmos mais uma vez nos bancos da escola da vida.

Se você leu atentamente até aqui, talvez agora seja o seu momento.

O SEU TEMPO É AGORA. CORAGEM!

16

VOCÊ TEM ALGUM QUESTIONAMENTO? ALGO QUE O PERTURBE DE VEZ EM QUANDO?

O que é? Envolve alguém? Quando ocorre? Como ocorre? Que lição tira dessa experiência?

17 QUANDO FOI QUE VOCÊ SE SENTIU IMPORTANTE PARA ALGUÉM?

Como foi? Com quem foi? Onde foi?
Qual lição tirou dessa experiência?

18 QUANDO FOI QUE FEZ ALGUMA AÇÃO SOCIAL IMPORTANTE?

Nunca se falou tanto sobre o tema: GRATIDÃO!
Palestrantes do mundo todo nos levam a refletir sobre:

O QUE VOCÊ TEM DADO AO UNIVERSO EM AGRADECIMENTO POR TUDO DE BOM QUE TEM RECEBIDO?

Existe alguma coisa que você gostaria de ter feito ou que ainda deseja fazer como gratidão por tudo de bom que a vida lhe deu?

Talvez esperar pelo momento certo não seja uma boa escolha. O melhor momento para estender a mão é quando estão precisando de você. E acredite, o momento é agora! Neste momento, alguém está precisando muito de você.

Escreva a seguir algo sobre ações sociais que você tenha praticado ou que ainda deseja praticar.

Como foi? Com quem foi? Quando foi? Onde foi?
Qual lição tirou dessa experiência?

continua na próxima página >>>

>>> continue aqui

19 VOCÊ TEVE OU AINDA TEM ALGUM APELIDO?

Qual é o apelido e qual sua relação com ele?

"Lembre-se que o nome de uma pessoa é para ela o som mais doce e mais importante que existe."
Dale Carnegie

1 2 3

20 NA SUA OPINIÃO, QUAL É O MELHOR CHEIRO?

Deixe sua mente se aquietar e busque em suas memórias a melhor experiência que já teve com esse sentido...

21 O QUE É PAGAR MICO PARA VOCÊ?

Faça uma relação das três atitudes, posturas, comportamentos e ações que tenha vergonha de fazer. E, sobretudo, o que já percebeu que acaba atrapalhando seus resultados pessoais ou profissionais. Escolha um por semana para fazer. Garanto que, após fazer isso, se sentirá livre, por não ter mais esse peso do julgamento social existente ou imaginário.

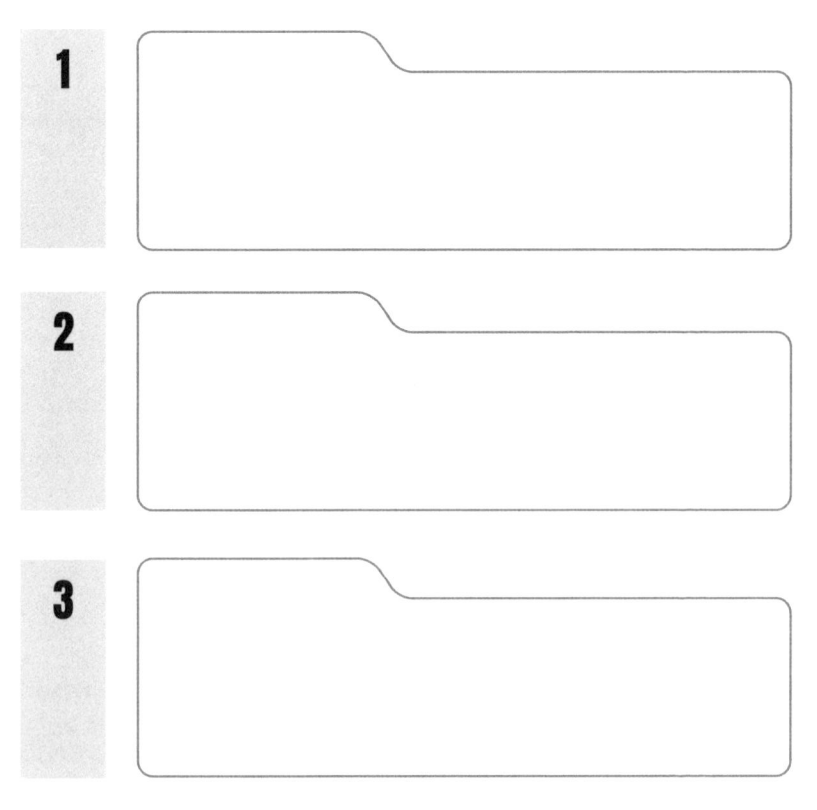

1

2

3

"A única pessoa realmente livre é a que não tem medo do ridículo."
Luis Fernando Verissimo

1 2 3

22 ESCREVA SOBRE UMA LOUCURA QUE TENHA FEITO EM SUA INFÂNCIA...

Eu gostaria muito de estar com você neste momento para ouvir sua história, e peço que me encontre pelas redes sociais e conte sobre isso.

23 COMO ANDA O SEU HUMOR?

Marque de 0 a 10.

Alegria	Medo	Raiva	Desprezo

Como você se vê no dia a dia?

>>> continue aqui

E tão importante quanto... como as outras pessoas o veem?

Baseado na sua resposta, perceba se suas microexpressões faciais são positivas. Pois elas falam mais do que as próprias palavras. Veja, não quero que mude sua personalidade e seu jeito de ser. Sou professor de cursos e palestras de oratória, e amo, entendo e respeito as pessoas do jeito de cada uma.

Mas é comprovado que uma pessoa feliz, alegre, motivada, animada e ENTUSIASMADA... vende mais.

"SORRIA PARA A VIDA, QUE ELA SORRIRÁ DE VOLTA PARA VOCÊ."

"É mais fácil obter o que se deseja com um sorriso do que à ponta da espada."
William Shakespeare

24 CITE TRÊS COISAS BOAS QUE ACONTECERAM NOS ÚLTIMOS 365 DIAS.

25 QUE SONHO AINDA FALTA REALIZAR?

Por que ele é tão importante?

Dê uma pausa e busque a música "I HAVE A DREAM", gravada pelo grupo ABBA, em 1979. Ouça com a tradução, caso não saiba inglês. Ela, por si só, irá mexer com seus sentidos. Irá conversar com seus pensamentos e o(a) colocará em um estado de reflexão e relaxamento que o(a) ajudará a potencializar seu ânimo em direção a seu sonho.

1 2 3

26 FALE SOBRE UM MOMENTO EM QUE COLOCOU A CULPA EM OUTRA PESSOA.

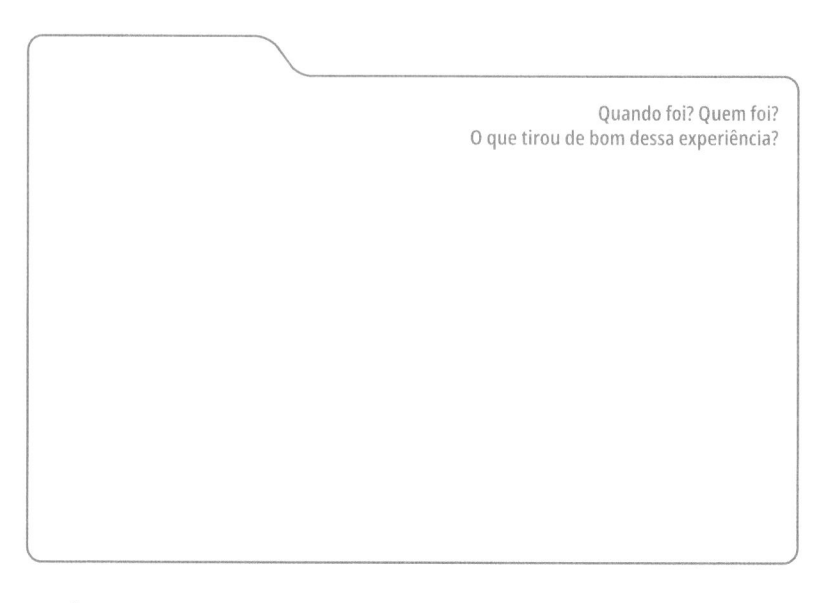

Quando foi? Quem foi?
O que tirou de bom dessa experiência?

Às vezes, apontamos o dedo e culpamos os outros ou ainda as situações (economia, política, clima, vida) por nossos fracassos e agimos como vítimas.

Mas, na verdade, somos responsáveis por nossos resultados, sejam eles bons ou ruins.

Algumas pessoas, mesmo conscientemente, sabem disso, mas insistem pela facilidade e pelo conforto em terceirizar sua culpa.

Na verdade, ninguém tem culpa de nada, tudo é "aprendizado" e um grande jogo de paciência. A vida é um exercício constante de controle de ansiedade, estresse, nervosismo e preocupações.

O meu mantra é:

NÃO SE COBRE TANTO!
NÃO ✕ COBRE TANTO!

27 COMO ANDA SUA PRODUTIVIDADE?

Podemos organizar nossas prioridades diárias em três níveis. Vamos imaginar que possuímos em nosso escritório mental uma mesa de trabalho com três gavetas.

- ✓ Na primeira, escreva o que, de fato, são as prioridades;
- ✓ Na segunda, as coisas importantes;
- ✓ E na terceira, as atividades casuais.

Faça esse planejamento também se preferir em uma agenda de papel ou eletrônica, e resolva as demandas de acordo com as prioridades. Você perceberá que sua produtividade aumentará significativamente e, além disso, se sentirá bem ao planejar e organizar seu dia a dia.

Prioridades

Importantes

Casuais

28 LIGA DOS HERÓIS

Vamos imaginar agora que você seja um herói (tem que ser um herói novo).

Qual seria seu poder principal?

Como seria a habilidade do herói, utilizando-a na prática?

Como seria esse herói (alto, baixo, magro, gordo, fraco, forte, homem, mulher, animal, figurino, outros)?

Qual seria sua arma principal (espada, amuleto, braceletes, outros)?

Qual seria sua Kriptonita (algo que o enfraquece)?

O espaço abaixo é para desenhar, pintar e soltar a imaginação. Desenhe a cena e o herói utilizando a arma ou o poder.

"Não é o que sou por dentro, é o que eu faço que me define."
Batman

29 QUAL SEU LIVRO PREFERIDO?

Por quê?

QUAL SEU ESCRITOR FAVORITO?

Por quê?

"Neste mundo, as coisas que nos dão prazer andam a par das que nos afligem e desgostam."
Júlio Verne

30 ESCREVA SOBRE A VISÃO MAIS BELA QUE JÁ TEVE...

Aproveite o momento para meditar um pouco...

- SENTE-SE CONFORTAVELMENTE...
- RELAXE SEUS MÚSCULOS COMPLETAMENTE...
- DEIXE SEU CORPO RESPIRAR TRANQUILAMENTE...

Continue esse processo até estar completamente relaxado.

Busque em suas memórias a melhor experiência visual que você já teve.

Talvez você se lembre exatamente de quando foi e como foi sua melhor experiência visual. Ou, quem sabe, a primeira vez que teve essa visão esteja registrada apenas em seu inconsciente e, portanto, não consegue mais se lembrar conscientemente desse momento.

Caso isso aconteça, vamos fazer uma breve experiência:

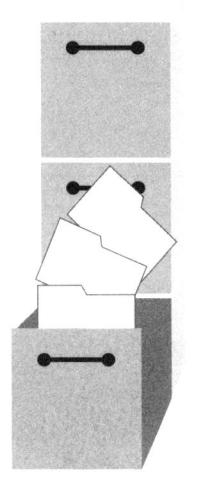

Imagine que sua mente seja um:
ESCRITÓRIO.

E suas memórias sejam:
PASTAS DE ARQUIVOS.

Eu sei que, em um primeiro momento, seu escritório mental pode parecer bastante bagunçado, mas isso não tem o menor problema. Porque agora, apenas com a força do seu pensamento, você vai organizar toda essa bagunça e vai imaginar todas as coisas indo com bastante facilidade em direção ao seu devido lugar.

Conforme você vai se aprofundando nessa experiência, vai percebendo que seu escritório mental está limpo e bonito e, com isso, suas pastas vão se organizando ano a ano, emoção por emoção, e cada sentimento e vivência estão perfeitamente arquivados, o que torna seu escritório mental realmente um ótimo local para trabalhar.

Agora, procure se lembrar do sentimento e da emoção do momento em que teve essa visão, e se havia mais alguém com você na cena.

Mesmo quando estiver com os olhos fechados, busque se lembrar das imagens do ambiente, de todos os detalhes do cenário: da beleza do local, das cores, do brilho, se estava escuro ou claro, se estava obscuro ou iluminado, ou até mesmo se era uma figura, um personagem, uma revista, um desenho, um filme, ou alguém que, para você, retrate algo de mais belo que já tenha visto.

Conforme vai colocando mais detalhes, você vai conseguindo se sentir bem em resgatar essa memória sensorial visual.

Muito bem!

Espero que tenha conseguido mentalizar tudo isso e, principalmente, que tenha encontrado algumas respostas para seu momento específico. E também que as coisas passem a fazer mais sentido para todo o resto de sua vida a partir de agora.

Você poderá reviver esse momento novamente sempre que quiser, e quanto mais o fizer, mais reais e mais rapidamente serão resgatadas as memórias, bem como todo o efeito terapêutico de calma, tranquilidade e paz que tanto busca.

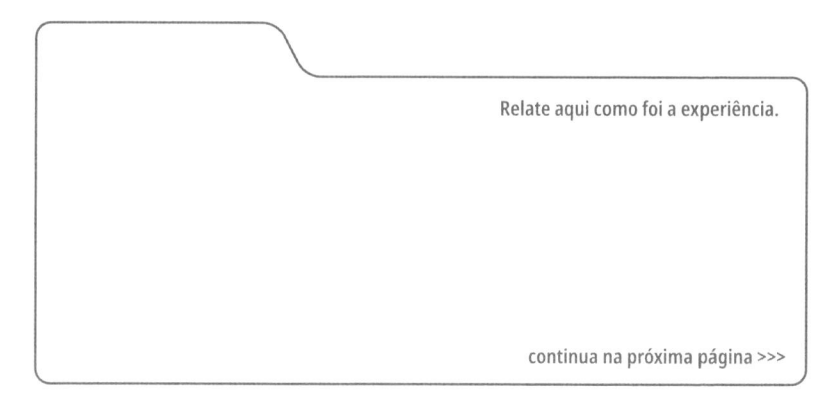

Relate aqui como foi a experiência.

continua na próxima página >>>

>>> continue aqui

"Como a maioria dos problemas é criada por nossa imaginação e, portanto, imaginária, tudo o que precisamos são soluções imaginárias."
Richard Wayne Bandler

31 FALE SOBRE UMA RECORDAÇÃO EM QUE SE SENTIU MUITO FELIZ.

Em minhas palestras e cursos, sempre há momentos de muita emoção quando faço essa pergunta. Geralmente, as pessoas falam em um primeiro momento sobre o casamento ou nascimento dos filhos. E são de fato! Mas, para responder a essa pergunta, vamos a princípio descartar essas duas épicas sensações de emoção e felicidade. Pois sabemos que não somos extremamente felizes somente nesses momentos, existem muitas outras situações em que experimentamos a felicidade.

Como foi? Com quem foi? Quando foi? Onde foi?
Qual lição tirou dessa experiência?

32 QUAL ERA SUA BRINCADEIRA FAVORITA QUANDO CRIANÇA?

Faça um relaxamento novamente e tente se lembrar de como era boa essa brincadeira. Mergulhe fundo em suas memórias:

- ✓ Veja em sua mente as cenas gravadas como se fossem um filme;
- ✓ Ouça os sons característicos do momento;
- ✓ E sinta a emoção de estar novamente brincando.

Como era? Com quem era?
Quando acontecia? Onde acontecia
Qual lição tirou dessa experiência?

33 QUAL SEU DESENHO ANIMADO FAVORITO?

Por quê?

QUAL SUA SÉRIE FAVORITA?

Por quê?

QUAL O SEU FILME FAVORITO?

Por quê?

34 FALE SOBRE UM MOMENTO DE MAIOR CORAGEM...

Como foi? Com quem foi? Quando foi? Onde foi?
Qual lição tirou dessa experiência?

"Podemos facilmente perdoar uma criança por ter medo do escuro.
A real tragédia da vida é quando os homens têm medo da luz."
Platão

1 2 3

35 QUAL FOI O MOMENTO EM QUE VOCÊ ATÉ QUIS FAZER PAPEL DE PAI, MAS, COM O TEMPO, PERCEBEU QUE, NA VERDADE, ERA APENAS FILHO?

Como foi? Com quem foi? Quando foi? Onde foi?
Qual lição tirou dessa experiência?

"Os filhos só podem ser crianças quando os pais forem adultos."
Bert Hellinger

36 VOCÊ JÁ TEVE UM SONHO DO QUAL JAMAIS SE ESQUECEU?

Deixe sua mente se aquietar e procure se recordar desse sonho.
Escreva também se teve esse mesmo sonho outras vezes.

37 O QUE VOCÊ ESTÁ FAZENDO PARA MELHORAR O SEU NÍVEL CULTURAL E SEU APRENDIZADO?

"Só sei que nada sei."
Sócrates

38 QUE TIPO DE FRUSTRAÇÃO VOCÊ JÁ SOFREU E NÃO QUIS ACEITAR?

Depois pensou melhor, aceitou, entendeu, ressignificou, superou e tirou algo de bom com a experiência?
Fale sobre como foi atravessar essa situação e como você suportou esse momento.

Dê uma pausa e busque a música do cantor Maurício Pinheiro Reis, mais conhecido como Byafra, em sua contraditória, emocionante e premiada canção "SONHO DE ÍCARO". Ela, por si só, irá mexer com seus sentidos. Irá conversar com seus pensamentos e o colocará em um estado de reflexão e relaxamento que o ajudará a potencializar seu ânimo e ressignificar seus pensamentos.

39 QUAL FOI O MOMENTO DE MAIOR CONQUISTA NA SUA VIDA?

Deixe sua mente se aquietar e procure recordar esse momento de conquista. Medite e escreva também sobre outros momentos de conquista que teve na vida, mesmo que sejam menores.

Como foi? Com quem foi? Quando foi? Onde foi?
Qual lição tirou dessa experiência?

40 ESCREVA O NOME DE TRÊS PESSOAS QUE, SE PUDESSE, CONVIDARIA PARA:

1 Tomar um café da manhã.

O que impede você de fazer isso e quando convidará?

2 Almoçar.

O que impede você de fazer isso e quando convidará?

3 Jantar.

O que impede você de fazer isso e quando convidará?

41

RELATE UMA SITUAÇÃO EM QUE NÃO SE SENTIU BEM E QUEIRA ESQUECÊ-LA.

Primeiramente, preciso ser honesto com você. Não existe a menor chance de esquecer isso. Mesmo com hipnose, isso não é possível. Uma experiência vista, ouvida ou sentida nunca será esquecida. No máximo, ficará submersa nas profundezas de 2% do inconsciente. E, a qualquer momento e de qualquer forma, poderá aflorar.

O que podemos fazer é ressignificar a memória. E, para isso, existe a técnica da mudança de cor, que me ajudou a resolver os meus problemas.

- SENTE-SE CONFORTAVELMENTE...

- RELAXE SEUS MÚSCULOS COMPLETAMENTE...

- DEIXE SEU CORPO RESPIRAR TRANQUILAMENTE...

Agora, imagine a cena que pretende esquecer.

- ✓ Coloque riquezas visuais e todos os detalhes do ambiente.
- ✓ Ouça e inclua os sons daquele momento, as vozes, os chiados, barulho do vento, e todos os sons de que se lembrar.
- ✓ Agora, inclua as sensações, os sentimentos e emoções daquele momento.

Ao contrário de tentar esquecer, deixe tudo bem real, bem vivo... Muito bem!

Agora que você está com sua inteligência mental bem desenvolvida...

Imagine que possui um controle remoto, em que consegue regular a cor da cena. Aperte o botão e veja a cena perdendo o colorido e ficando preto e branco. Vá baixando também o volume. Caso tenha pessoas na cena, você apenas verá o movimento labial. Mas você nem faz questão de interpretar. Ótimo!

Ao retirar a cor e o som do ambiente, certamente você já estará se sentindo melhor. Mas vamos além...

Agora que essa situação já diminuiu o sentimento a ponto de você estar mais tranquilo, imagine que essa imagem em preto e branco e sem som é tão sem importância para você que ela vai desaparecendo com o vento... Pufff.

E o mesmo vento que leva embora o sentimento ruim traz para você tranquilidade, calma e paz.

42 TRAJETÓRIA DE EXPERIÊNCIAS DE SUA VIDA...

Qual sua profissão atual?

Teve outras profissões? Quais?

Quais seus feitos mais relevantes no âmbito profissional?

Que tipo de profissão ainda gostaria de ter?

Qual seu propósito enquanto profissional?

43 SE VOCÊ PUDESSE CONVERSAR COM O ALÉM, COM QUEM CONVERSARIA?

Dependendo do seu nível de concentração, poderá entrar em estado de relaxamento profundo.

DICA 6

1°) Esteja atento para fazer este exercício em um local seguro, onde esteja sentado e bem acomodado. Preferencialmente, acompanhado de alguém de sua confiança;

2°) Converse com a pessoa do "além" que escolheu por, no máximo, 3 (três) minutos. Parece pouco, porém, em estado subconsciente, é bastante tempo e o sentimento é muito prazeroso. Após esse tempo passar... despeça-se da pessoa, imagine-se virando de costas e "volte" para seu estado atual;

3°) Ao voltar, caso chore, isso é absolutamente normal. Volte-se para o exercício de respiração, faça a respiração consciente bem prolongada por umas três vezes.
A cada respiração, relaxe mais e mais...
E a cada respiração, envie essas boas memórias, as boas sensações e a emoção da experiência para uma pasta, e guarde em seu arquivo mental.

Aproveite o momento para meditar um pouco...

- SENTE-SE CONFORTAVELMENTE...

- RELAXE SEUS MÚSCULOS COMPLETAMENTE...

- DEIXE SEU CORPO RESPIRAR TRANQUILAMENTE...

Continue esse processo até estar completamente relaxado.

OBSERVAÇÃO

As pessoas sempre querem ficar mais tempo em estado subconsciente. Eu também adoro! Mas recomendo que saia e volte para o estado atual!

Lembre-se, tudo em exagero não é bom e poderá acessar o subconsciente quando quiser. Portanto tenha a maturidade de saber que o mundo real é o que importa e é onde as coisas realmente acontecem.

Caso encontrar alguma dificuldade em quebrar o estado para despertar, faça o seguinte:

DICA 7

• **DIGA EM VOZ ALTA SEU "NOME" COMPLETO;**

• **DIGA EM VOZ ALTA O "ENDEREÇO COMPLETO" DE SUA RESIDÊNCIA.**

Esses comandos serão suficientes para fazer essa quebra de estado e você voltará completamente ao plano real.

Oriente uma pessoa de sua confiança para fazer essas perguntas. E você despertará por completo, sentindo-se muito bem!

Relate um pouco sobre a experiência...

44 VOCÊ JÁ CONSEGUIU CONDUZIR UMA SITUAÇÃO CONFLITUOSA A UMA SOLUÇÃO AMIGÁVEL?

Como foi? Com quem foi? Quando foi? Onde foi?
Qual lição tirou dessa experiência?

45 SE FOSSE UM "REI OU RAINHA", QUAL DECISÃO MAIS IMPORTANTE DECRETARIA?

Ainda na década de 1980, um velho sábio me dizia:

> **"SOMOS TODOS REIS EM ALGO."**
> **Pedro Hernesto**

Independentemente da área pessoal, social ou profissional, o que você faz de melhor do que as outras pessoas?

46 VOCÊ COLECIONA OU JÁ COLECIONOU ALGO?

Colecionar é algo saudável e um ótimo passatempo. Claro que devemos ter sempre um ponto de equilíbrio para que não se torne um vício. Colecionar coisas é muito bom para manter a memória de longo prazo.

Podemos citar como exemplo um filatelista (colecionador de selos) que, mesmo com uma coleção de mais de mil selos, consegue se lembrar de cada um deles.

Diferentemente do Brasil, que a cada mês muda a estampa de seus selos e ainda possui uma tradição até mesmo carnavalesca, alguns países mantém a mesma cor, o mesmo formato e o mesmo desenho há décadas, alterando apenas algum detalhe. Aos nossos olhos, muitos desses selos parecem idênticos, mas um bom colecionador consegue perceber um mero detalhe que o diferencia de outro.

Lembre-se de que uma coleção não precisa ser quantitativa. Ela pode ser apenas de um item... Como aqueles óculos velhos feitos de armação de arames, todos retorcidos, de seu tataravô.

Você possui ou já possuiu alguma coleção? Qual?

O que isso lhe trouxe de bom?

>>> continue aqui

1 2 3

47 QUAL A MAIOR LOUCURA QUE FEZ NA ADOLESCÊNCIA?

"Já fui professor de milhares de alunos desde a infância, ensinos fundamental e médio. Hoje sou pai. Antes disso, eu fui jovem. Por isso fico bastante à vontade para falar de um momento repleto de 'certezas', e somente ao amadurecermos de 'verdade' vamos perceber que nossa mente disfarçou de convicções nossas inúmeras dúvidas."

Ricardo Marafon

1 2 3

48 CRIE UM GESTO DE AÇÃO COMO SE VOCÊ FOSSE USAR EM UM SHOW...

Caso você ainda não o tenha, pense e desenhe um agora, utilizando o espaço abaixo:

Fale sobre ele, por que o escolheu.

Descreva como se sente ao fazê-lo.

49 EXPERIÊNCIA SENSORIAL...

Utilize o espaço abaixo e ao lado para aguçar seus sentidos táteis e também para se aproximar da natureza.

CALMA, NÃO É PARA SAIR DESTRUINDO A NATUREZA!

É para durante o dia a dia, ao ver uma folha já caída no chão, ou uma pétala de flor, especiarias perfumadas, areia, terra ou qualquer outro elemento da natureza, apanhe-os para colar aqui mais tarde.

Você poderá colar várias coisas, para isso, procure elementos pequenos e finos. Mesmo assim perceberá que esses elementos serão grandiosos aqui nos espaços. Assim como você, em relação ao planeta.

Quando estiver passando por momentos difíceis, abra esta página, passe a mão levemente pelos elementos, vá sentindo a textura de cada um e perceba a riqueza da vida, mesmo que ironicamente esses elementos já não provenham da mesma sorte que você.

>>> continue aqui

1 2 3

50 FALE SOBRE O MOMENTO DE MAIOR PRAZER QUE VOCÊ JÁ TEVE...

"Não se contente com caminhar, quando você pode voar."
Geração de Valor

1 | 2 | 3

51 CRIE UM GRITO DE GUERRA COMO SE VOCÊ FOSSE USAR EM UMA BATALHA...

Caso você ainda não o tenha, escreva um agora utilizando o espaço abaixo:

Fale sobre ele, por que o escolheu.

Descreva como se sente ao dizê-lo.

"This is Sparta" (Isso é Esparta). Grito utilizado por Leônidas no filme 300 em 2006. Um clássico, muito utilizado em palestras de motivação. Tem grande efeito de extrair o máximo do potencial das pessoas que conseguem fazer a analogia e trazer essa força, convicção e entusiasmo da ficção para a vida real.

52 QUAIS OS PONTOS POSITIVOS DE SUA CIDADE ATUAL?

Normalmente, em alguma conversa, acabamos falando mal da cidade em que vivemos. O desafio aqui é justamente o contrário, ou seja, falar bem da cidade em que você mora.

Em minhas palestras e cursos que ministrei por cidades do interior, era comum ouvir pessoas reclamando:

> **"Em um ou dois minutos você atravessa a minha cidade inteira."**

Dizia um...

> **"Não tem nada de interessante para fazer aqui."**

Dizia outro.

Mas após abordar o assunto, logo já estavam citando coisas boas do lugar, e se diziam felizes por morar ali.

Sempre abordo esse tema, pois é muito comum, mesmo na cidade grande, em uma conversa informal ou profissional, o assunto cidade aparecer. E existe normalmente uma energia que nos leva a depreciar a cidade em que vivemos.

Com base nas técnicas de vendas e de liderança, que rezam o seguinte:

"NENHUM NEGÓCIO É FECHADO EM MEIO A UMA COMUNICAÇÃO PESSIMISTA."

É então o momento em que se acende o sinal de pare. E que você deve então ressignificar a sua comunicação para uma retórica mais positiva. Somente dessa forma os negócios serão fechados e os seus resultados serão melhores.

Escreva três pontos positivos de sua cidade e sempre fale sobre eles quando estiver se comunicando com outras pessoas.

1

2

3

53 QUAL SEU MAIOR PONTO FRACO?

Caso você considere que tenha mais de um, descreva-os também. Procure responder com plena consciência e sem julgamentos exagerados.

Anote como você tem superado esses pontos fracos:

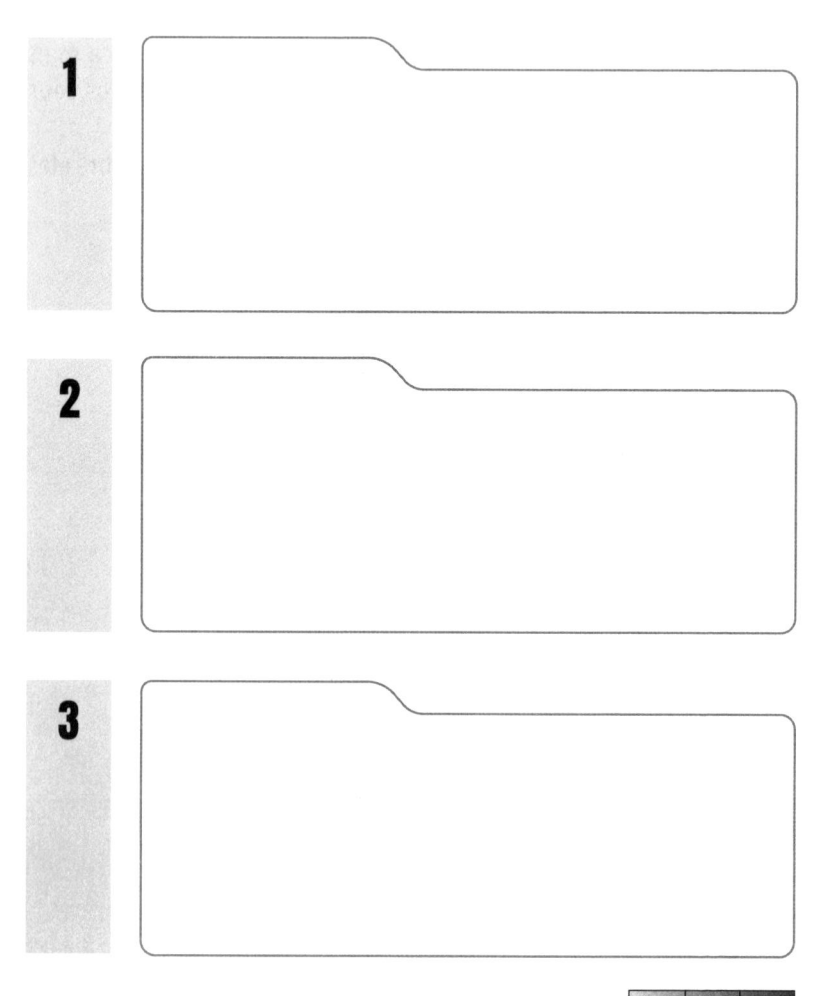

54 ESCREVA SOBRE UMA VIRTUDE, ALGO COMO... UM DOM ESPECIAL OU... UMA HABILIDADE SUA E QUE TENHA RECEBIDO ELOGIOS.

55 QUAL É UM QUADRO MEMORÁVEL?

Pode ser da infância, adolescência ou, ainda, de sua idade atual, que, se pudesse, colocaria na parede de sua casa.

Vamos imaginar também que talvez esse quadro já esteja desatualizado em relação ao tempo ou *design*, e então você talvez até mesmo o considere brega. Mas, mesmo assim, tem uma relação, uma emoção afetiva com ele, e poderia facilmente colocar em uma das paredes do seu "palácio mental".

Escreva um pouco sobre esse quadro.

Exemplos:

Quadro 1: Casa dos avós

Quadro 2: Casa dos pais

Mesmo que pense não ter nenhuma habilidade, desenhe e pinte o quadro no espaço a seguir:

Lembre-se de assinar sua obra!

"Não tenha medo da perfeição, você nunca a vai atingir."
Salvador Dalí i Domènech

56 QUAL SUA COR FAVORITA?

A maioria das perguntas aqui apresentadas são baseadas nos princípios da Programação Neurolinguística. Usamos os padrões sensoriais visuais, auditivos e cinestésicos para aprimorar nossos sentidos.

Todos utilizamos esses padrões, apesar da diferença de intensidade dos mesmos:

- ✓ **Visual (aprende com mais facilidade pelo que vê e é mais preocupado com a estética);**

- ✓ **Auditivo (aprende mais facilmente ouvindo, por vezes, é mais matemático e analítico);**

- ✓ **Cinestésico (necessita do tato, envolvimento prático e é mais emotivo).**

Nossa cor favorita, geralmente, está associada a algum sentimento. Descreva sua cor favorita e o que ela representa.

Agora, imagine que você possa dar cor às sensações descritas abaixo, pinte qual cor seria (mesmo que ela se repita).

Energia, força, coragem e poder.

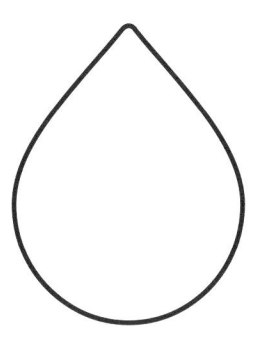

Equilíbrio, paz, calma e tranquilidade.

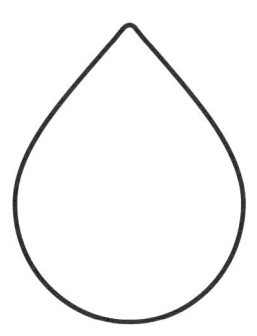

Mentalize e grave em sua memória essas cores e seus significados.

Quando aparecerem os momentos de dificuldade, reserve um momento só para você, sente-se confortavelmente e deixe seu corpo respirar.

E imagine que, quando você inspira, traz para dentro do seu corpo um ar com as cores das sensações que descreveu acima. Você perceberá que a cada respiração se sentirá no estado da sensação que programou agora.

57 VOCÊ JÁ RECEBEU UM CHAMADO PARA ALGO ESPECIAL?

Sim ☐   Não ☐

Aceitou?

Sim ☐   Não ☐

Por quê?

Acha que ainda não é a hora? Talvez a hora nunca chegue. Talvez você esteja esperando as coisas acalmarem ou obter mais experiência. Mas saiba que se algo toca seu coração é porque chegou a hora de acolher essa missão.

SE SENTIR MEDO, VÁ COM MEDO MESMO. AJA!

58 VOCÊ JÁ SOFREU POR NÃO TER FEITO NADA?

Houve um momento em sua vida em que você deixou de fazer o que devia e, exatamente por isso, as coisas não saíram como desejava?

Como foi? Com quem foi? Quando foi? Onde foi?
Qual lição tirou dessa experiência?

"O arrependimento é ineficaz quando as reincidências são consecutivas."
Marquês de Maricá

59 VOCÊ JÁ SENTIU QUE ESTAVA SENDO MANIPULADO POR ALGUÉM?

Como foi? Com quem foi? Quando foi? Onde foi?
Qual lição tirou dessa experiência?

VOCÊ JÁ MANIPULOU ALGUÉM?

Como foi? Com quem foi? Quando foi? Onde foi?
Qual lição tirou dessa experiência?

60 ESCREVA SOBRE O MELHOR SOM QUE JÁ OUVIU...

Aproveite o momento para meditar um pouco...

- SENTE-SE CONFORTAVELMENTE...

- RELAXE SEUS MÚSCULOS COMPLETAMENTE...

- DEIXE SEU CORPO RESPIRAR TRANQUILAMENTE...

Continue esse processo até estar completamente relaxado.

Busque em suas memórias a melhor experiência sonora que você já teve.

Talvez você se lembre exatamente de quando foi e como foi sua melhor experiência sonora. Ou, quem sabe, a primeira vez que ouviu esse som esteja registrada apenas em seu inconsciente e, portanto, não consegue mais se lembrar conscientemente desse momento.

Caso isso aconteça, vamos fazer uma breve experiência:

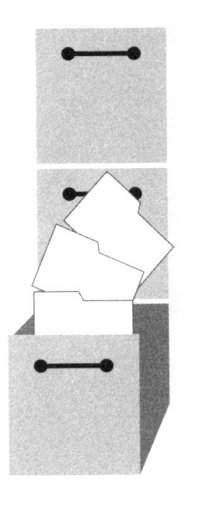

Imagine que sua mente seja um:
ESCRITÓRIO.

E suas memórias sejam:
PASTAS DE ARQUIVOS.

Eu sei que em um primeiro momento seu escritório mental pode parecer bastante bagunçado, mas isso não tem o menor problema. Porque agora, apenas com a força do seu pensamento, você vai organizar toda essa bagunça e vai imaginar todas as coisas indo com bastante facilidade em direção ao seu devido lugar.

Conforme você vai se aprofundando nessa experiência, percebe que seu escritório mental tem um som ambiente muito prazeroso de se ouvir e, com isso, suas pastas vão se organizando, ano a ano, emoção por emoção, e cada sentimento e vivência estão perfeitamente arquivados, o que torna seu escritório mental realmente um ótimo local para trabalhar.

Agora, procure se lembrar do sentimento e da emoção do momento em que ouviu o som, e se havia mais alguém com você na cena.

Mesmo quando estiver com os olhos fechados, busque se lembrar também dos outros sons que estão no cenário: da variação do volume, uns você consegue ouvir mais alto, outros mais baixo, se foi uma história que escutou, ou uma música, se foi um estrondo, um zumbido, ou algo bem silencioso, se foi um som de algum equipamento, um grito alto ou até mesmo um singelo sussurro.

Conforme vai colocando mais detalhes, você vai conseguindo se sentir bem em resgatar essa memória sensorial sonora.

Muito bem!

Espero que tenha conseguido mentalizar tudo isso e, principalmente, que tenha encontrado algumas respostas para seu momento específico. E também que as coisas passem a fazer mais sentido para todo o resto de sua vida a partir de agora.

Você poderá reviver este momento novamente sempre que quiser, e quanto mais o fizer, mais reais e mais rapidamente serão resgatadas as memórias, bem como todo o efeito terapêutico de calma, tranquilidade e paz que tanto busca.

Relate aqui como foi a experiência.

continua na próxima página >>>

>>> continue aqui

"A linguagem corporal e o tom de voz determinam que um simples reconhecimento significa uma saudação amigável, humilhação ou uma ameaça."
John Thomas Grinder

61 HÁ ALGUMA PERSONALIDADE POLÍTICA QUE O INFLUENCIOU OU AINDA INFLUENCIA?

Por que essa pessoa o inspira?

"Yes We Can!" (Sim, nós podemos) tornou-se um dos slogans de Obama durante a campanha presidencial dos Estados Unidos de 2008.

1 2 3

62 JÁ ELOGIOU ALGUÉM HOJE?

Pense em três pessoas e em um elogio para cada uma.

Você terá uma semana para elogiar essas pessoas. Claro que, preferencialmente, olho no olho. Mas se a logística não ajudar, pode ser utilizando as tecnologias.

OBSERVAÇÕES

Para o elogio fazer sentido, ele deve vir seguido de uma evidência. A evidência validará a intenção e o sentimento sincero sem parecer volúvel.

Ex. de elogio: Filha, como você é inteligente.
Evidência: Vi o trabalho da escola que você fez e ficou incrível.

1 Quem é a pessoa, qual o elogio e qual é a evidência?

2 Quem é a pessoa, qual o elogio e qual é a evidência?

3 Quem é a pessoa, qual o elogio e qual é a evidência?

63 ESCREVA SOBRE UM LUGAR RECONFORTANTE EM QUE JÁ ESTEVE E QUE TROUXE PARA VOCÊ TRANQUILIDADE, CALMA E PAZ...

Como é este lugar? Com quem você foi?
Quando foi? Onde fica?
Qual lição tirou dessa experiência?

64 ESCREVA SOBRE UM DOS MOMENTOS MAIS DIFÍCEIS QUE TENHA CAUSADO ESTRESSE E DOR EM SUA VIDA...

Como foi? Com quem foi? Quando foi? Onde foi?
Qual lição tirou dessa experiência?

"A vida te trará dor por si mesma. Tua responsabilidade é criar alegria."
Milthon Hyland Erickson

1 2 3

65 QUAL O CARRO DE SEUS SONHOS?

Escrever nossos sonhos e metas no papel nos ajuda a alcançá-los. Imagine uma projeção futura, já tendo conseguido o resultado, isso também faz com que o universo trabalhe a seu favor em direção ao objetivo.

Escreva: marca, modelo, cor e valor e por que você aprecia tanto esse modelo. E quando irá comprá-lo.

Por que este modelo é tão importante para você?

>>> Escreva aqui

Marca

Modelo

Cor

Valor

Quando

66 QUAL SUA SOBREMESA FAVORITA?

Deixe sua mente se aquietar e busque em suas memórias a melhor experiência que já teve com esse sentido...

Se puder, pare um pouco o que está fazendo e vá comê-la.

67 VOCÊ JÁ BRIGOU COM DEUS?

As pessoas não dizem claramente, mas muitas vezes tiveram brigas com Deus pelas mais variadas razões. Uma delas é por se sentirem abandonadas por Ele. Responda, independentemente de sua religião ou credo. Você já se sentiu assim e o que fez para superar isso?

Como foi? Quando foi? Onde foi?
Qual lição tirou dessa experiência?

1 2 3

68 VOCÊ SE LEMBRA DE UM MOMENTO EM QUE ESTEVE NO PILOTO AUTOMÁTICO?

Estar no piloto automático é quando fazemos algo sem necessariamente estarmos concentrados naquilo.

Como foi? Com quem foi? Quando foi? Onde foi?
Qual lição tirou dessa experiência?

1 2 3

69 VOCÊ AINDA SE SENTE CULPADO POR ALGUMA COISA?

Como foi? Com quem foi? Quando foi? Onde foi?
Qual lição tirou dessa experiência?

"Não seja um perfeccionista. Perfeccionismo é uma maldição e uma prisão. Quanto mais você treme, mais erra o alvo. Você é perfeito, se permitir ser."

Fritz Perls

70 O QUE AINDA FALTA SER CONQUISTADO PARA QUE SUA VIDA SEJA COMPLETA?

1 O que é? Por que isso é importante para você?

2 Quanto custará?

3 Qual benefício terá?

4 Quando fará o movimento em direção a isso?

1 | 2 | 3

71 DURANTE A SUA JORNADA, VOCÊ DESCOBRIU ALGUMA FÓRMULA MÁGICA?

Já encontrou alguma solução fantástica para algum problema difícil de resolver?

Como foi? Com quem foi? Quando foi? Onde foi?
Qual lição tirou dessa experiência?

72 QUAL SEU MAIOR PONTO FORTE?

Comece escrevendo seu maior ponto forte. Na sequência, descreva todos os demais também. Procure responder com plena consciência e sem julgamentos. Pontue o máximo de pontos positivos que tenha. Depois responda como tem usado seus pontos fortes a seu favor.

1

2

3

1 2 3

73 ERA UMA VEZ (QUANDO) EM UM REINO DISTANTE (ONDE) UM PRÍNCIPE OU PRINCESA (QUEM)...

Continue a história...

Quem é o personagem (você) e como é seu *status quo*?

Independentemente se tem ou não habilidade, desenhe seu personagem no espaço abaixo.

Nessa trama tem algum "vilão", e como ele(a) é?

Qual o maior conflito nessa história?

Como seria um momento de virada (onde o personagem encontra a solução ou cura para o problema)?

Como seria um final feliz para sua história?

"Sirvo-me de fábula, para ensinar aos homens."
La Fontaine

1 2 3

74 CITE UM MOMENTO EM QUE VOCÊ PAGOU UM ALTO PREÇO POR NÃO OUVIR O CONSELHO ALHEIO

Como foi? Com quem foi? Quando foi? Onde foi?
Qual lição tirou dessa experiência?

75 QUAL FOI A MAIOR LOUCURA QUE JÁ FEZ DEPOIS DE ADULTO E QUE TENHA VALIDO A PENA?

Nós passamos por todas as fases e, enfim, nos tornamos adultos e cheios de juízo. Será?!

Como foi? Com quem foi? Quando foi? Onde foi?
Qual lição tirou dessa experiência?

1 2 3

76 O QUE ALMOÇOU NO ÚLTIMO FINAL DE SEMANA?

Você tira um tempo adequado para se alimentar, ou com a pressa nem mesmo percebe o que está comendo? Ou, ainda, é daquelas pessoas que nem mesmo se lembra do que almoçou ontem? Costuma comer andando, em pé ou no carro?

A partir de hoje, deixe a pressa de lado. Prefira sentar-se em casa ou em um local adequado para se alimentar, relaxar, mastigar e sentir cada sabor. Identificar os sabores não é frescura, mas, sim, é uma forma de mostrar que você está no controle das coisas e não o contrário. Deguste não somente os sabores e o alimento, mas também o momento. Isso será muito bom também para sua mente e para seu organismo.

DICA 8

Mastigar pelo menos 25 vezes antes de engolir o alimento. Nosso cérebro demora em média 15 minutos para enviar a resposta de saciedade, baseado nisso, prefira começar pelo prato da salada. Com a mastigação mais demorada e começando pela salada, ao terminar o prato principal, provavelmente dispensará repeti-lo. Prefira também ingerir no máximo meio copo de bebida, 20 minutos antes e 20 minutos depois de se alimentar, para não atrapalhar o processo natural digestivo.

continua na próxima página >>>

>>> continue aqui

Essas dicas foram passadas empiricamente por volta de 1985 por um "naturalista", amigo do meu pai, que era missionário. Em minhas pesquisas, essas orientações são também confirmadas pelas Ciências da Nutrição e Fonoaudiologia. Portanto é sábio segui-las.

1 2 3

77 QUAL É A DATA MAIS INESQUECÍVEL DA SUA VIDA?

Apesar de vivermos em tempos turbulentos, em que temos a nítida impressão de estarmos presos a uma rotina, em que nada de interessante acontece, precisamos relembrar que tivemos muitas datas memoráveis em nossa vida.

Na verdade, tivemos e ainda temos muitos momentos de felicidade que devem sempre ser lembrados.

Aproveite o momento para meditar um pouco...

- SENTE-SE CONFORTAVELMENTE...

- RELAXE SEUS MÚSCULOS COMPLETAMENTE...

- DEIXE SEU CORPO RESPIRAR TRANQUILAMENTE...

Continue esse processo até estar completamente relaxado.

Deixe sua mente se aquietar e procure se recordar dessa data. Reviva esse momento em sua vida.

✓ Sinta a emoção daquele momento;

✓ Ouça os sons;

✓ E veja as imagens nitidamente, vivenciando novamente essa experiência.

Escreva a data mais importante, depois pode pontuar outras.

Como foi? Com quem esteve? Quando foi? Onde esteve?
Qual lição tirou dessa experiência?

78 O QUE É QUALIDADE DE VIDA PARA VOCÊ?

79 EXISTE ALGUM OBJETO IMPORTANTE QUE TENHA MARCADO SUA VIDA?

Na vida, somos marcados de várias formas, por pessoas, acontecimentos, emoções e até mesmo por objetos, por fazerem parte dessa trama.

Você ainda o tem? Ou fisicamente se perdeu pelo caminho?

Qual é o objeto?

Por que ele é ou foi tão importante para você?

1 2 3

80 CITE UM MOMENTO EM QUE VOCÊ SE DEIXOU LEVAR E FOI INGÊNUO.

Existe uma metáfora que conheci em 1996 e mudou minha vida. É a metáfora do escorpião e da tartaruga.

Em um belo dia, um escorpião se aproximou de uma tartaruga que estava prestes a atravessar um riacho. O simpático escorpião pediu uma "carona" para a robusta tartaruga que o levasse até o outro lado da margem. Com a intuição apurada, a tartaruga negou e disse o porquê: "Você irá me picar"! Mas o eloquente escorpião contra-argumentou: "Imagina, claro que não. Isso não tem a menor chance de acontecer. Pois morreríamos ambos". Em um breve momento de reflexão, a solícita tartaruga autoriza e endossa para que o perigoso amigo suba em seu protegido casco para iniciar a jornada. Tudo ia bem até chegarem ao meio do rio... SNICKT! O escorpião encontra um ponto fraco e crava seu ferrão, injetando veneno no pescoço da pobre e inocente tartaruga. Quase desfalecendo, a descuidada e intrigada tartaruga pergunta: "Por que fez isso? Agora morreremos os dois?". E o escorpião responde: "Desculpe-me, essa é a minha natureza".

> **O PERDÃO VERDADEIRO É UMA BÊNÇÃO E PRECISA SER PRATICADO, DA MESMA FORMA É A PREVENÇÃO.**

Como foi? Com quem foi? Quando foi? Onde foi? Qual lição tirou dessa experiência?

>>> continue aqui

1 2 3

81 VAMOS FAZER UM FILME MENTAL...

Não precisa ser um mentalista experiente para fazer isso. Basta seguir as orientações adiante:

Aproveite o momento para meditar um pouco...

- SENTE-SE CONFORTAVELMENTE...
- RELAXE SEUS MÚSCULOS COMPLETAMENTE...
- DEIXE SEU CORPO RESPIRAR TRANQUILAMENTE...

Continue esse processo até estar completamente relaxado.

Agora, busque em sua mente um momento feliz de sua vida. Concentre-se e faça a imagem rodar em sua mente como se fosse um filme.

- ✓ VEJA em sua mente cada detalhe do cenário. Veja o colorido e o semblante das pessoas que compõem a cena. Você pode aumentar o tamanho da imagem, bem como seus detalhes e cores;
- ✓ OUÇA os sons do ambiente. Alguns bem nítidos, outros mais ao longe;
- ✓ SINTA a emoção de estar vivenciando aquele momento como foi na época.

Observe as pessoas presentes no filme e busque identificar o sentimento que elas estejam experimentando também.

Depois de ter esse filme rodando bem nítido em sua mente, guarde-o como um arquivo recente em sua memória. Após ter feito isso, descreva a experiência na página a seguir.

Você poderá acessá-lo toda vez que se sentir mal ou estiver passando por um momento de turbulência, ou ainda quando quiser. Basta encontrar um lugar confortável e seguir os passos descritos acima.

Escreva, no espaço a seguir, com riqueza de detalhes, sobre o filme que você acabou de fazer. Você poderá retornar a esta página e resgatar os detalhes desta história sempre que quiser.

Com a prática, você conseguirá acelerar o filme para frente ou fazer com que volte para trás. E até mesmo conseguirá aumentar ou baixar o volume, ou ainda alterar a intensidade das cores.

Como foi? Com quem foi? Quando foi? Onde foi?
Qual lição tirou dessa experiência?

82 QUAL SUA VISÃO DO FUTURO?

Projeções são visualizações mentais cuja eficácia já foi comprovada cientificamente. É mais fácil alcançar metas quando as visualiza em sua mente.

Lembre-se de quando planejou uma viagem. Na maioria das vezes, as coisas aconteceram exatamente como você desejou. Foi como um DEJAVÚ (como se já tivesse passado por aqueles lugares).

Quanto mais fortes forem as sensações durante as projeções, maior será a energia dispensada em direção ao objetivo pretendido.

Tendo uma imagem nítida em sua mente do que você deseja, certamente investirá tempo, recursos e foco voltados para o objetivo. Assim, mesmo que você se sabote ou reveses aconteçam, a chance de alcançar a meta pretendida é muito maior. E isso é algo extraordinário!

O problema é que se estão projetando em sua mente imagens pessimistas a respeito de seus próprios sonhos e planos, as chances de tudo dar errado também são maiores.

Portanto pense positivo e seja otimista. Tenha foco e aja com entusiasmo. Isso certamente levará você, e quem mais faça parte de seus planos, ao objetivo desejado.

PROJETE COISAS RUINS E VOCÊ TERÁ RESULTADOS RUINS. PROJETE COISAS BOAS E VOCÊ TERÁ BONS RESULTADOS.

Inspirado nas técnicas terapêuticas da PNL e no seriado Túnel do Tempo,
de Irwin Allen, dos anos 1960.

83 O QUE É QUE VOCÊ TANTO PROCURA E QUE TALVEZ NEM MESMO TENHA PERCEBIDO QUE JÁ CONSEGUIU?

84 QUAL FOI A MAIOR LIÇÃO QUE APRENDEU COM A VIDA?

Todos nós já aprendemos muita coisa com a vida. Algumas lições vieram de forma sutil e nós as interiorizamos bem. Outras, no entanto, tivemos que aprender "na marra".

Como foi? Com quem foi? Quando foi? Onde foi?
Qual lição tirou dessa experiência?

85 PORTA-RETRATOS

Cole no espaço abaixo uma foto de que você goste. A imagem pode ser atual e moderna ou antiga ainda em preto e branco. Talvez essa seja também uma ótima desculpa para ir fazer uma visita a um parente ou amigo querido. E revirar as caixas de fotos.

Caso necessite, recorte a foto
para encaixar melhor no espaço.

86 VOCÊ ACREDITA EM PAPAI NOEL?

Ou talvez tenha amadurecido demais a ponto de não entender a analogia da alegria da vida, a sensação de purificação e perdão que a data benevolente insiste em propiciar novas chances, ano a ano.

Sim   ☐   **Não**   ☐

Por quê?

Depois de escrever acima, imagine que você não é mais você!
Agora você analisará a cena, como um observador...
Olhando e ouvindo alguém falando o que está escrito.
Faz sentido o que você escreveu anteriormente?
Qual lição tirou dessa experiência?

87 DE QUAL PARTE DO SEU CORPO VOCÊ MAIS GOSTA?

"A deformidade do corpo não afeia uma bela alma,
mas a formosura da alma reflete-se no corpo."
Sêneca

"O corpo perfeito é o corpo que você tem."
Mell Glitter

"O intelecto de uma pessoa assume uma beleza
que o corpo jamais sonhou em alcançar."
Henrique Dechen

Busque e escreva outras frases para inspirar-se...

88 VOCÊ SE LEMBRA DE UM MOMENTO EM QUE FOI EXTREMAMENTE ÉTICO E HONESTO?

Como foi? Com quem foi? Quando foi? Onde foi?
Qual lição tirou dessa experiência?

89 O QUE VOCÊ MUDOU EM SI?

Estamos, de fato, em plena evolução, por vezes "mudamos", seja voluntária ou involuntariamente.

E O QUE AINDA NÃO MUDOU?

"Há certas coisas nesse mundo que jamais mudam... e outras que mudam muito."
Morpheus

1 2 3

90 ESCREVA SOBRE A MELHOR SENSAÇÃO DE CONFORTO QUE JÁ SENTIU...

Aproveite o momento para meditar um pouco...

- SENTE-SE CONFORTAVELMENTE...
- RELAXE SEUS MÚSCULOS COMPLETAMENTE...
- DEIXE SEU CORPO RESPIRAR TRANQUILAMENTE...

Continue esse processo até estar completamente relaxado.

Busque em suas memórias a melhor experiência corporal que você já teve.

Talvez você se lembre exatamente de quando foi e como foi sua melhor experiência sensorial corporal. Ou, quem sabe, a primeira vez que sentiu esse contato esteja registrado apenas em seu inconsciente e, portanto, não consegue mais se lembrar conscientemente desse momento.

Caso isso aconteça, vamos fazer uma breve experiência:

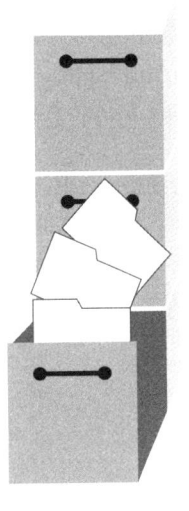

Imagine que sua mente seja um:
ESCRITÓRIO.

E suas memórias sejam:
PASTAS DE ARQUIVOS.

Eu sei que em um primeiro momento seu escritório mental pode parecer bastante bagunçado, mas isso não tem o menor problema. Porque agora, apenas com a força do seu pensamento, você vai organizar toda essa bagunça e vai imaginar todas as coisas indo com bastante facilidade em direção ao seu devido lugar.

Conforme você vai se aprofundando nessa experiência, vai percebendo em seu escritório mental um clima e um ambiente muito prazeroso e agradável de se estar e, com isso, suas pastas vão se organizando, ano a ano, emoção por emoção, e cada sentimento e vivência estão perfeitamente arquivados.

O que torna seu escritório mental realmente um ótimo local para trabalhar.

Agora, procure se lembrar do sentimento e da emoção do momento em que sentiu essa sensação de conforto, e se havia mais alguém com você na cena.

Mesmo quando estiver com os olhos fechados, busque se lembrar também dos outros elementos que existem no cenário: se estava calor ou frio. Se era dia ou noite, se era um dia de sol ou chuva. Se tinha algum cheiro, algum aroma no ar. Se estava bem ou ferido. Se estava se sentindo pesado ou leve. Se estava perdido ou em segurança. Até mesmo se estava descalço, pisando em um piso bruto, na terra, na areia ou na água. Se estava em pé, ou sentado em um banco de pedra, madeira, em uma poltrona ou com alguém em um singelo toque ou abraço.

Conforme vai colocando mais detalhes, você vai conseguindo se sentir bem em resgatar essa memória sensorial reconfortante.

Muito bem!

Espero que tenha conseguido mentalizar tudo isso e, principalmente, que tenha encontrado algumas respostas para seu momento específico. E também que as coisas passem a fazer mais sentido para todo o resto de sua vida a partir de agora.

Você poderá reviver esse momento novamente sempre que quiser, e quanto mais o fizer, mais reais e mais rapidamente serão resgatadas as memórias, bem como todo o efeito terapêutico de calma, tranquilidade e paz que tanto busca.

Relate aqui como foi a experiência.

"Como fica forte uma pessoa quando está segura e amada."
Sigmund Schlomo Freud

91

O QUE VOCÊ ESTÁ DEIXANDO COMO LEGADO AOS SEUS DESCENDENTES?

92 CÁPSULA DO TEMPO

Cole ou grampeie esta página (139) com a 141 e forme um envelope (siga as instruções nas bordas do livro).

Dentro deste envelope, você colocará elementos para serem revistos no prazo em que você decidir. Normalmente, as cápsulas do tempo são abertas de dez em dez anos.

Você poderá escrever notícias, frases, poesias, planos, visões em pequenos textos, ou recortar e guardar recortes de jornais, revistas, livros, fotos e até mesmo objetos finos. Procure ser específico para não deformar muito as páginas do livro ou rasgá-las.

Enfim, deixe sua mente guiá-lo na organização desses elementos. Quando perceber que já está bom de conteúdo, sele também a parte superior e determine escrevendo a data para abertura da sua cápsula do tempo.

Este exercício será muito positivo para rememorar fatos e acontecimentos históricos ou de suas vivências. E também serve como prevenção a doenças neurológicas em estágio leve ou em desenvolvimento.

Ou seja, é um legado de você para si mesmo, ou ainda relíquias para outras pessoas que virem a descobrir este verdadeiro baú de tesouros no futuro.

Data de abertura:

| / | / |

>>> continue aqui

1 2 3

93 REFLEXO DE UM VENCEDOR

Por vezes, nos cobramos em excesso. Está na hora... passou da hora, de darmos o devido valor que merecemos. Reserve um momento para você, vá até um espelho. Livre de prepotências ou soberba. Livre também de julgamentos!

Se puder, sente-se! Fique por alguns minutos só olhando, admirando, amando o que vê. Simplesmente aponte suas qualidades.

Ao se ver no espelho, diga em voz alta, ou pelo menos diga, e fortaleça em sua mente suas qualidades, habilidades e comportamentos.

Se sentir vontade de chorar, chore. Mas, logo em seguida, ao inspirar pelo nariz e expirar o ar pela boca, mande a emoção do choro embora e fique somente com o sentimento de prazer, tranquilidade, calma e paz.

94 QUAL SUA ESTAÇÃO DO ANO FAVORITA?

Por quê?

*O sol que castiga
é o mesmo que traz vida.*

*As folhas caídas e levadas pelo vento
outrora devolvem provento.*

*Por vezes, as noites são intermináveis,
outrossim diversidade no jardim.*

*Ao esbranquiçar o verde já quase sem vida,
o branco que purifica.*

Adaptação de quatro poesias do escritor e presidente da Associação Cascavelense de Letras, Antônio de Jesus.

95   QUAL SUA BEBIDA FAVORITA?

Deixe sua mente se aquietar e busque em suas memórias a melhor experiência que já teve com esse sentido...

Se puder, pare um pouco o que está fazendo e vá bebê-la.

96 QUAL SUA FRUTA PREFERIDA?

Deixe sua mente se aquietar e busque em suas memórias a melhor experiência que já teve com esse sentido...

Se puder, pare um pouco o que está fazendo e vá comê-la.

1 2 3

97 VOCÊ JÁ SE SENTIU ANSIOSO?

Sei que quando falamos nesse assunto a primeira resposta é:

O TEMPO TODO!

Nosso planeta é relativamente novo, todos ainda estamos em fase de aprendizagem. Talvez negar isso e pensar que sabemos tudo sejam nossos maiores erros. Baseado nisso, seja bem específico na escolha de algo que esteja de verdade trazendo um sentimento de desconforto, a ponto de até mesmo de bloquear sua trajetória na direção dos seus objetivos, metas e sonhos. Independentemente se são pessoais ou profissionais.

Como foi? Quando foi? Onde foi?
Qual lição tirou dessa experiência?

1 2 3

98 QUAL FRASE DITA POR ALGUÉM MUDOU ALGO NA SUA VIDA?

Pode ser uma frase dita por uma pessoa famosa ou leiga, amigo ou parente. Reescreva-a aqui e comente.

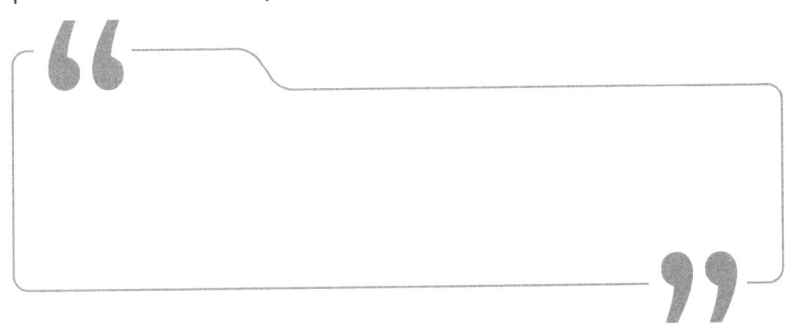

E, agora, escreva outras frases que também inspiraram você em outras ocasiões.

99 SE PUDESSE VOLTAR NO TEMPO, À SUA INFÂNCIA, E CONVERSAR COM VOCÊ CRIANÇA, SOBRE O QUE CONVERSARIA?

Aproveite o momento para meditar um pouco...

- SENTE-SE CONFORTAVELMENTE...

- RELAXE SEUS MÚSCULOS COMPLETAMENTE...

- DEIXE SEU CORPO RESPIRAR TRANQUILAMENTE...

Continue esse processo até estar completamente relaxado.

Para melhorar ainda mais a experiência, busque nos álbuns de fotos de família o momento exato que você quer relembrar. As fotos vão ajudar você com o cenário, com as pessoas e com a energia daquele momento.

Lembre-se, essa será uma ótima desculpa para fazer uma visita aos membros de sua família, principalmente aos de mais idade, que se sentem "vivos" na energia de sua presença e mais vivos ainda em poder contar e recontar suas magníficas e inspiradoras histórias.

>>> continue aqui

"A emoção é uma criança, precisa ser educada."
Max Amadeus

1 2 3

100 QUAL SEU MAIOR MEDO?

Aproveite o momento para meditar um pouco...

- SENTE-SE CONFORTAVELMENTE...

- RELAXE SEUS MÚSCULOS COMPLETAMENTE...

- DEIXE SEU CORPO RESPIRAR TRANQUILAMENTE...

Continue esse processo até estar completamente relaxado.

Qual seu maior medo?

De 0 a 10, em que nível está o seu medo?

De onde você pensa que vem esse medo?

Como se sente agora diante dele?

Responda utilizando um LÁPIS.

Como se sentiria diante da possibilidade de se livrar dele?

Responda utilizando uma CANETA.

Se você estiver lendo este livro da forma que lhe propus, provavelmente abriu esta página aleatoriamente.

Se isso aconteceu, provavelmente ainda não tenha notado que há algumas explicações sobre as questões antes de você respondê-las, no intuito de orientá-lo sobre a forma de executar o exercício.

No caso do medo, a orientação vem depois. Isso porque quero entender melhor a estrutura de seu medo e ajudá-lo a solucionar esse problema, mesmo estando distante.

O objetivo principal deste livro é um empoderamento natural. Portanto siga com a leitura de pelo menos 10 perguntas de forma aleatória, abrindo as páginas imaginando os números das perguntas entre 1 a 100 ou tateando e abrindo na sorte as páginas.

Faça isso preferencialmente na primeira semana de aquisição do livro.

Depois que ler e escrever um pouco sobre as 10 perguntas, ou até mesmo se você preencheu o livro todo, faça o seguinte:

Agora que o livro resgatou suas memórias, você percebeu o que é:

GRANDE	BONITO	INDEPENDENTE
AUTÊNTICO	DIGNO	LIVRE
PODEROSO	EXTRAORDINÁRIO	MADURO
BONDOSO	INTELIGENTE	MARAVILHOSO
DEDICADO	FELIZ	IMPORTANTE

Como você se sente agora?
Responda utilizando uma CANETA.

Com toda a segurança, apanhe uma borracha e apague a resposta da pergunta que você escreveu a lápis anteriormente.

Imagine, conforme você apaga a palavra ou frase escrita a lápis, que a borracha também vai apagando todo o sentimento negativo e depreciativo que você insistia em carregar até agora.

E guarde em sua mente somente os sentimentos de: pertencimento, otimismo e empoderamento. A partir de agora e para o restante da sua vida.

"Não devemos ter medo dos confrontos.
Até os planetas se chocam. E do caos nascem as estrelas."
Charles Spencer Chaplin

ENCERRAMENTO

FOI FÁCIL FAZER A EXPERIÊNCIA, NÃO FOI?

Caso tenha lido e respondido a todas as questões apresentadas neste livro, já deve ter percebido o porquê de algumas delas não fazerem sentido num primeiro momento. Mas agora fazem!

Algumas questões serviram apenas para dar mais flexibilidade às suas memórias, facilitando o acesso às informações mais relevantes.

É provável que a forma sutil como os questionamentos foram feitos funcionaram muito bem, até mesmo como forma de autoterapia.

Talvez nem saiba exatamente em qual texto ou em qual pergunta encontrou o "elixir" para suas dores, apenas sabe que o encontrou, e isso basta!

Problemas, todos nós temos. Poderíamos até fazer uma Olimpíada com eles para ver quem tem mais. Mas se fizermos isso, ao final dessa disputa, ninguém sairá vitorioso.

Lembre-se, as memórias negativas também fazem parte da sua jornada. Só ressignifique e tire algo de positivo das experiências.

Com a ajuda do livro, a partir de agora, você poderá guardar e rever quando quiser suas belas memórias e, a partir das próximas leituras, poderá aprofundar ainda mais as experiências.

Encerro desejando do fundo do meu coração que você tenha percebido quem de fato É: uma pessoa com histórias e experiências incríveis para contar. Não é alguém que tenha apenas problemas para dividir, mas um gigante que resistiu até aqui, apesar de tudo.

MUITO OBRIGADO PELA EXPERIÊNCIA, SAÚDE E MUITO SUCESSO!

Indique ou presenteie a pessoa que você admira.

E ajude também a mudar a vida dela.

https://landing.literarebooksinternational.com.br/empoderamente

ASSUNTO SECRETO

Como este é um livro sensorial, resolvi incluir um assunto surpresa para você. Escrevi também outros livros com temas variados que ainda estão em processo de edição ou se tornaram apostilas de trabalho e também videoaulas. Inclusive sobre um dos assuntos que sou apaixonado:

ORATÓRIA.

Em específico, minha paixão pela comunicação começou aos seis anos de idade, fazendo teatro religioso, aquela pulguinha do teatro nunca mais me largou depois de perceber a emoção que, mesmo sem nenhuma experiência, eu e meus colegas provocamos na plateia.

Ainda nessa idade, eu me perguntava:

COMO MEU TIO, QUE ERA BEM "GORDÃO", CONSEGUIA ENTRAR "DENTRO" DE UM RÁDIO A PILHAS VELHO DO MEU PAI PARA APRESENTAR SEU PROGRAMA?

Aos nove anos de idade, essa curiosidade me deu motivação para pedir ao meu pai para que me levasse com ele ao trabalho. Ele concordou! Mas teríamos que sair de casa às 4 horas da manhã, pois antes de irmos para a distribuidora de jornais do meu pai, passaríamos um tempo com meu tio na rádio. E era esse meu objetivo principal: desvendar esse mistério!

Ao entrar na rádio, na sala onde meu tio estava sentado falando com "ninguém", apenas projetando seu carisma pelo microfone, fui tomado por uma energia contagiante e por um cheiro que sinto até hoje de carpete, que fazia a forração acústica daquele quadrado muito hermeticamente pequeno, mas que certamente era maior do que o aparelho de rádio antigo de papai...

Desde esse tempo, já estava decidido que falar em público era a coisa que eu mais queria fazer na vida.

Cresci, estudei, me tornei empresário e fui para os palcos, onde tive um choque de realidade. Minha primeira apresentação foi uma tragédia, fui criticado pelos alunos e pelo contratante. Esse péssimo resultado me puxou para o exílio de dez anos sem me pronunciar em público.

Nesse tempo estudei, me preparei mais e mais, e comecei a escrever técnicas para falar em público em um guardanapo de papel, depois em folhas de sulfite, em cadernos e no computador. Quando percebi, tinha escrito uma apostila de técnicas de oratória com umas 25 páginas.

MAS NÃO ME ATREVI A VOLTAR A DAR AULAS. NÃO ME SENTIA PRONTO.

E continuei a escrever.

Quando cheguei à página 1.000, percebi que havia alguma coisa errada! Não é possível que alguém que escreve um livro de 1.000 páginas não tenha alguma coisa boa para passar para as outras pessoas!

DEFINITIVAMENTE, HAVIA ALGUMA COISA ERRADA!

E me lancei novamente ao mercado de palestras.

Meu ingresso no mercado de palestras foi para cobrir a falta de um professor que não poderia mais dar aulas, então assumi as aulas no meio do curso.

Ao terminarem as aulas, os alunos preencheram um questionário de avaliação do curso e do professor.

Na semana seguinte, fui chamado pela empresa, que havia me contratado temporariamente, para uma conversa. Peguei meus medos e, mesmo com eles, fui até eles. Ao chegar, me receberam na reunião com sorrisos largos e me revelaram o conteúdo dos depoimentos e os elogios foram muito positivos, e eu me ancorei nesse sentimento e continuei minha jornada até hoje.

Na minha essência como professor, há 25 anos venho atuando em cursos, treinamentos e palestras sobre falar em público e ensino meus alunos a terem maior e melhor controle em:

TIMIDEZ	**USO DE EQUIPAMENTOS**
NERVOSISMO	**REDAÇÃO DE ROTEIROS**
ANSIEDADE	**"BRANCOS" DE MEMÓRIA**
PROBLEMAS COM DICÇÃO	**BOM USO DA RESPIRAÇÃO**
EMISSÃO DE VOZ	**COMPORTAMENTO**
USO DE GESTOS	**LIDERANÇA**

Ao longo dos anos, percebi que um dos grandes problemas do MEDO ao falar em público vem do seguinte pensamento:

PENSAR QUE NÃO TEMOS NADA DE IMPORTANTE PARA FALAR.

Independentemente se for em uma palestra com milhares de pessoas, em uma negociação de compra ou venda, ou em uma conversa informal, por todas essas décadas venho utilizando na minha comunicação o conteúdo dessas 100 perguntas como gatilhos, assuntos da minha vivência para conversar. Chamo isso carinhosamente de gravetos.

Gravetos são aquelas lascas de madeira que você vai jogando ao fogo, para que ele continue aceso. Assim como uma fogueira deve ser nossa comunicação.

Neste livro, você tem um estoque de lenha de 100 gravetos, que poderá ajustar e inserir na sua comunicação para ela ser mais interessante e, sobretudo, carismática e emocionante. E esse é o segredo para ser um palestrante de sucesso, ter carisma e emocionar.

SER UM BOM PALESTRANTE NÃO SE CONSEGUE SOMENTE COM TÉCNICAS DE ORATÓRIA, MAS, SOBRETUDO, REVELANDO PARA A PLATEIA A NOSSA ESSÊNCIA.

Isso é o que irá gerar sintonia com a plateia e, como reza a PNL, o *rapport*, que é um nível mais forte da conexão nas relações humanas. É onde você se conecta com a plateia de uma forma que muitas vezes ela nem mesmo sabe como. Mas você conseguiu!

Na minha opinião, seja em uma palestra, em uma venda ou qualquer tipo de negociação, além de conhecer e oferecer seus produtos, serviços, ter autoconfiança, autoestima, persuasão, indução, boa argumentação, mostrar os benefícios e os valores da empresa, é preciso:

VENDER A NÓS MESMOS.

Utilize este livro para mudar seu entendimento sobre você. Saiba plenamente quem É! Vá fundo em suas memórias e, ao falar em público, leve na sua bagagem e na sua fala todo o poder, a essência e a energia de suas histórias para o palco. Isso fará total diferença no sucesso de suas apresentações em público.

On-line e presenciais